Dieses Buch widme ich meinem Cousin Bernd Hartung.
Danke für die gemeinsamen Stunden!

Die Natur mit allen Sinnen zu erfahren, ist heute für viele Menschen die Hauptmotivation zu einer Wanderung. Der Rothaarsteig bietet dafür reichlich Gelegenheit, wie hier auf der Heinsberger Heide kurz nach Sonnenaufgang im Spätsommer.

Klaus-Peter Kappest

ROTHAARSTEIG

Der Weg der Sinne

Deutschlands Landschaften – Von Dillenburg bis Brilon

REGIO Edition Rasch & Röhring

Impressum

Der Inhalt dieses Buches wurde auf Papier
mit chlorfrei gebleichtem Zellstoff gedruckt.
Das Einbandmaterial ist recyclebar.

Die Deutsche Bibliothek - CIP Einheitsaufnahme
Rothaarsteig
Klaus-Peter Kappest - Steinfurt:
Edition Rasch & Röhring
ISBN 3-934427-11-1
NE: Kappest, Klaus-Peter

1. Auflage Mai 2001
2. Auflage August 2001

Siemensstr.4, D-48565 Steinfurt

Layout: Jan Tölle, Münster
Lithoherstellung: Druckhaus Tecklenborg, Steinfurt

Printed in Germany
by Druckhaus Tecklenborg, Steinfurt

Verlag und Autor garantieren, dass es sich bei den Fotografien in diesem Werk um Originalaufnahmen handelt, die nicht digital verändert wurden.

ISBN 3-934427-11-1

Weitere Literatur:
Wanderkarte Rothaarsteig
Blatt Nord & Blatt Süd
1:50.000
DM 19,50 / Euro 10,-

Weitere Informationen:
Rothaarsteig
Postfach 1460
59917 Brilon
Tel.: 0 29 61 - 94 35 35
Fax.: 0 29 61 - 94 32 47
Internet: www.rothaarsteig.de
E-Mail: info@rothaarsteig.de

Winterabend im
Buchenwald an
den Hängen des
Rothaargebirges.

Brilon
Olsberg
Bruchhausen
Willingen
Niedersfeld
Nordenau
Schmallenberg
Grafschaft
8
Winterberg
Medebach
Lennestadt
Girkhausen
6
7
Kirchhundem
5
Bad Berleburg
Röspe
Hallenberg
Erndtebrück
Hilchenbach
4
Bad Laasphe
Netphen
3
Dietzhölztal
Wilnsdorf
Eschenburg
Burbach
2
Haiger
1
Dillenburg
Langenaubach
Breitscheid
Rennerod
Driedorf

Ausblick von Leimstruth auf die Gemeinde Bad Berleburg, im Hintergrund erhebt sich der Hauptkamm des Rothaargebirges, über den der Rothaarsteig verläuft.

Inhalt

Die Impressionsseiten sind farbig hinterlegt und zeigen Sehenswürdigkeiten der Etappe, die nicht unmittelbar am Rothaarsteig liegen, aber einen Abstecher lohnen.

Neues Wandern auf neuen Wegen: Der Rothaarsteig

Das 21. Jahrhundert beginnt mit einem Widerspruch: Je rasanter die allgegenwärtige Technik unser Alltagsleben durchdringt, desto mehr sehnen wir uns nach der Schlichtheit ursprünglicher Natur. Je schneller uns die Informationsströme aus aller Welt erreichen, desto mehr schätzen wir die Gelassenheit des Gehens. Kein Wunder also, dass gerade jetzt so viele Menschen das Wandern wiederentdecken.

Aber Wandern ist heute anders. Statt im Marschtempo Strecke zu machen, wollen wir die Natur mit allen Sinnen erfahren: Die schöne Aussicht, die würzige Luft, den weichen Waldboden, das Schattenspiel der Bäume. Wir atmen auf beim Anblick einer offenen Naturlandschaft, folgen neugierig der Spur unbekannter Pfade, geben uns dem gleichmäßigen Rhythmus des Gehens hin und belohnen uns ab und an mit einer genussreichen Pause. Wandern ist die natürlichste Art des Wohlfühlens.

Das neue Wandern braucht freilich auch neue Wege. Der Rothaarsteig ist einer von ihnen. Durch abwechslungsreiche Natur führt er mal als schmaler Steig, mal als bequemer Weg über den Kamm des Rothaargebirges und des Hohen Westerwalds, stets begleitet von den schwingenden Silhouetten einer ausgesucht schönen Mittelgebirgslandschaft in den Grenzlagen von Nordrhein-Westfalen, Hessen und Rheinland-Pfalz. Stille Wälder und idyllische Wiesen, steile Hänge und sanfte Kuppen lösen einander ab, und nirgendwo gibt es so viele prominente Quellen an einem einzigen Weg: Die von Ruhr und Eder, von Lahn und Sieg sind nur einige von ihnen.

Damit der Wandergenuss ungetrübt bleibt, steht dem Gast zwischen Brilon im Norden und Dillenburg im Süden ein modernes Wanderleitsystem mit den typischen Rothaarsteig-Symbolen sowie zahlreichen Wegweisern, Orientierungstafeln und Meilensteinen zu Diensten. Denn zum Wohlfühlen gehört auch die Sicherheit, sich selbst in abgeschiedenster Natur nicht verlaufen zu können. Wenn man dann auch noch in einer der eigens konstruierten Vesperinseln oder Wanderhütten Pause macht, ist das Glück vollkommen.

Wen es gleichwohl irgendwann wieder in die Zivilisation zurückzieht, der kann sich von über 60 gesondert ausgewiesenen Zugangswegen in eines der gastfreundlichen Städtchen und Dörfer am Wegesrand locken lassen. In ihrem Fachwerk-Charme dokumentiert sich eine kulturelle Vielfalt entlang des Steigs, die sich nicht zuletzt auch in den kulinarischen Spezialitäten widerspiegelt.

Der Rothaarsteig ist von Wanderern für Wanderer gemacht. Seine Gestaltgeber haben dem menschlichen Naturempfinden gründlich nachgespürt, Tausende von Wanderern nach ihren Wünschen gefragt, unter zahlreichen Varianten die jeweils schönste Wegeführung erkundet, besonders gästefreundliche Orientierungshilfen entwickelt, zahlreiche Sehenswürdigkeiten am Wegesrand präsentiert und sich nicht zuletzt auch mit den Gastgebern der Region um das leibliche Wohl der Fußreisenden gekümmert.

Wie sich der neue Weg dem erfahrenen Auge eines Naturfotografen präsentiert, zeigt der vorliegende Bildband in einmalig schönen Szenerien. Klaus-Peter Kappest ist nicht nur ein intimer Kenner der Region, sondern auch ein Meister in der Kunst, die wachsende Sehnsucht des Hightech-Bürgers nach unberührter Natur in traumhafte Bilder zu fassen. Wer diesen Traum Wirklichkeit werden lassen will, der muss sich indes selber in jenes stille Waldgebirge aufmachen, das drei lebensvolle Bundesländer in der Mitte von Deutschland so harmonisch verbindet.

Rainer Brämer

Dr. Rainer Brämer
Natur- und Wandersoziologe an der
Universität Marburg

Einführung

Der Weg und seine Varianten

Das Rothaargebirge bildet zusammen mit den angrenzenden Bergrücken einen der längsten zusammenhängenden Höhenzüge Deutschlands. Dieses Wandergebiet erschließt der Rothaarsteig durch ein Wegenetz, das aus dem Hauptweg, einigen Varianten und einer Vielzahl von Zugangswegen besteht. Der Hauptweg folgt auf einer Strecke von 147 km den südwestfälischen Gebirgszügen. Mit den Varianten hat das Wegenetz eine Länge von 217 km. Vorgegebene Etappen gibt es nicht. Durch die Vielzahl der Wanderparkplätze und Zugangswege kann sich jeder Wanderer frei seine Route zusammenstellen. Damit eine Tageswanderung nicht zwangsläufig einen Rundkurs bilden muss, hat die örtliche Gastronomie einen Zubringerdienst für Wanderer organisiert. Die Kapiteleinteilung dieses Bandes soll ebenfalls keine Wanderetappen vorgeben. Sie entspricht vielmehr dem Rhythmus der Landschaft.

Der Hauptweg des Rothaarsteigs folgt vor allem dem Kamm des Rothaargebirges. Der Name „Rothaargebirge" hat mit roten Haaren allerdings nichts zu tun. Er geht zurück auf einen alten Dialektausdruck für „raue Höhe", der nach einigen Generationen nicht mehr verstanden wurde und der sich deshalb fälschlich zu „Rothaar" verändert hat.

Neben dem Hauptweg gibt es drei interessante Varianten: Im Süden findet sich die Westerwald-Variante (50km), die von Dillenburg zunächst nach Südwesten bis zur Fuchskaute auf dem Westerwald führt, bevor der Weg von dort aus seine endgültige Richtung Nordost einschlägt. Die zweite Variante ist die Talvariante Hochsauerland (13km), über die man von Jagdhaus durch das Latroptal nach Schanze gelangt. Während der Hauptweg des Rothaarsteigs zwischen Langenberg und Ginsterkopf den Kamm verlässt und fast bis hinunter nach Bruchhausen geht, führt die dritte Variante über den Kamm weiter und dadurch in der Nähe der Bruchhauser Steine vorbei (5km). Diese Variante ist nur in den Monaten April bis November zu begehen.

Wandern neu entdecken

Immer mehr junge Menschen entdecken in den letzten Jahren für sich wieder das Wandern als Freizeitbeschäftigung. Der Marburger Soziologe Rainer Brämer hat in umfangreichen Studien versucht, diesem Phänomen nachzuspüren. Seine Befragung von Wanderern aller Altersgruppen ergaben, dass es die Verbindung vieler positiver Eigenschaften ist, die das Wandern als Freizeitaktivität wieder attraktiv macht: Wandern ist vor allem unbeschwertes Leben – eine Kompensation des technisierten Alltags. Wandern ist aber auch ein Naturerlebnis, Entspannung und die Entfaltung der Sinne. Selbst als echter Freizeitsport kann das Wandern gelten. Medizinische Untersuchungen haben ergeben, dass man beim Wandern fast ebenso viele Kalorien verbraucht, wie beim Joggen, allerdings ohne den Körper zu einseitig zu belasten. Ein Trainingseffekt stellt sich beim Wandern zwar langsamer ein als bei manchen anderen Sportarten, dafür hält er aber auch um so länger. Da Wandern aber nicht nur den Körper, sondern als entspannte Bewegung in der Natur auch die Seele stärkt, ist Wandern Gesundheit, Sport und Wellness in einem. Gleichzeitig vermittelt Wandern ein Gefühl von Freiheit. Geführte Wanderungen in großen Gruppen sind deshalb heute weniger gefragt, als der Ausflug im kleinen Kreis von Freunden. Alle diese Aspekte sind in die Planung des Rothaarsteigs eingeflossen und herausgekommen ist „der Weg der Sinne".

rot:
Hauptweg und ständige Varianten

gelb:
Zugangswege

grün:
Sommerweg über den Istenberg bei Bruchhausen

Wandern auf den schönsten Pfaden: Der Rothaarsteig ist der erste große Wanderweg in Deutschland, der konsequent nach landschaftspsychologischen Gesichtspunkten angelegt wurde. Pfade durch die „Wildnis vor unserer Haustür" wechseln sich mit schönen Aussichtspunkten ab.

Wo immer es möglich war, haben die Planer des Rothaarsteigs den Pfaden und Steigen den Vorzug vor den Forststraßen gegeben.

QUALITÄTSBETRIEB

ROTHAARSTEIG® ROTHAARSTEIG®

„Qualitätsbetrieb Rothaarsteig"

Zu einem bewusst gestalteten Wanderweg gehört auch die Bereitstellung adäquater Beherbergungsbetriebe. In vielen Gemeinden entlang des Rothaarsteigs besteht bereits eine gut ausgebaute touristische Infrastruktur. Um sicherzustellen, daß Wanderer entlang des gesamten Weges gut untergebracht sind, erarbeitet der Rothaarsteigverein ein besonderes Zertifikat für Beherbergungsbetriebe.
Das Logo „Qualitätsbetrieb Rothaarsteig" steht nicht nur für die Zertifizierung wanderfreundlicher Betriebe, es ist auch ein Garant für Wanderkompetenz. Gerade weil sich das Bild des typischen Wanderers in den letzten Jahren gewandelt hat, will der Rothaarsteigverein e.V. den Anforderungen des neuen Wanderpublikums entsprechen und gastgewerbliche Betriebe fördern, die den spezifischen Bedürfnissen der wandernden Touristen gerecht werden.
In Zusammenarbeit mit den touristischen Regionalverbänden, den Industrie- und Handelskammern und den touristischen Akteuren sind so Qualitätsstandards für gastgewerbliche Betriebe erarbeitet worden, die zum einen Mindestanforderungen an wanderspezifische Einrichtungen bzw. Infrastruktur stellen und zum anderen wandertypische Angebote bereit halten. Der Kriterien-Katalog umfasst z.B. neben der Bereitschaft einen Gepäcktransfer zum nächsten Etappenziel anzubieten, auch selbstverständlich das Anbringen eines „Schwarzen Bretts" mit aktuellen Wanderinformationen inkl. Ortswanderkarte und vieles mehr. Werden alle Kriterien seitens des Betriebes erfüllt, darf sich das Haus mit dem Logo „Qualitätsbetrieb Rothaarsteig"schmücken und diese im Rahmen seiner Werbemaßnahmen nutzen. Die Vielzahl der bereits vorliegenden Bewerbungen zum „Qualitätsbetrieb Rothaarsteig" beim Rothaarsteigverein e.V. zeigt, dass die Zertifizierung wanderfreundlicher Betriebe nicht nur wünschenswert aus Sicht der Wanderer ist, sondern auch als Wettbewerbsvorteil gesehen wird.

Oberhalb von Milchenbach hat die örtliche Forstgemeinschaft auf dem Zugangsweg zum Rothaarsteig am Brie eine Informationsstation zur Flurbereinigung aufgebaut. Da eine Flurbereinigung große Ähnlichkeit mit einem bekannten Kinderspiel hat, dürfen auch große Kinder hier einmal mit verschiebbaren Holzklötzen spielen.

„Rothaarsteig"-Weg mit eigener Philosophie ...

Attraktiv muss er sein, spannend, ein gut inszenierter „Wandertraum". Der Rothaarsteig soll ein großer deutscher Wanderweg werden, der die wandertouristischen Potentiale des Rothaargebirges idealtypisch repräsentiert. Er ist damit der erste Vertreter einer neuen Wanderwegegeneration, die sich durch bestimmte Merkmale auszeichnet. Er wurde mit dem ausdrücklichen Ziel nach höchsten Qualitätsmaßstäben, die sich an den gehobenen Ansprüchen des neuen Wanderpublikums orientieren, gänzlich neu angelegt. Der Rothaarsteig soll - wirtschaftlich gesprochen - den Rang einer Qualitätsmarke innerhalb des deutschen Mittelgebirgstourismus erlangen und somit als touristisches Leitbild für die gesamte Region fungieren.

So wurde der Rothaarsteig als erster Weg konsequent nach landschaftspsychologischen Gesichtspunkten angelegt. Die Naturthemen Wald und Wasser erhalten durch erlebnispädagogisch gestaltete forstliche Präsentationen und die Einbindung zahlreicher Quellen eine vorrangige Bedeutung. Der Steig wendet sich gezielt an das neue Wanderpublikum, das sich um den arrivierten Naturgenießer mittleren Alters gruppiert. Dabei ist er schon jetzt zum Begriff für das „Neue Wandern" geworden.

... und eigenem Design

Ein Wanderweg-Design? Was sich zunächst nach einer verrückten Idee anhört, entpuppt sich als ideales Mittel zur Schaffung einer eigenständigen Marke. Eine durchgehende Design-Linie prägt das besondere Erscheinungsbild der Rothaarsteig-Möblierung. Mit Ruhebänken, Waldliegen und Vesperinseln soll nicht nur die Aufenthaltsqualität im Wald erhöht werden, sondern auch die Natur und Landschaft dem Wandergast auf eine besondere Art erlebbar gemacht werden.

Wer will, kann entlang des Rothaarsteigs viel über den Wald, seine Ökologie und seine Bedeutung für den Menschen lernen. Anstatt auf trockenen Schautafeln wird das Wissen in einigen Fällen anhand von erlebnispädagogisch gestalteten Präsentationen vermittelt. Bei Kühhude überspannt beispielsweise eine neue Hängebrücke eine kleine Schlucht. Von der schwankenden Brücke aus schaut der Wanderer auf ein überdimensionales Spinnennetz, durch das die verschiedenen Komponenten des Ökosystems Wald miteinander verbunden sind. Die ständige Bewegung der Brücke soll die Empfindlichkeit des Ökosystems verdeutlichen.

Dillenburg am Südende des Rothaarsteigs war lange Zeit Residenzstadt eines reichsunmittelbaren Fürstentums. Im Zentrum der Altstadt erheben sich heute noch die mächtigen Mauern, auf denen bis 1760 das Schloss der Grafen und späteren Fürsten Nassau-Oranien stand. Im Siebenjährigen Krieg wurde das Schloss von französischen Truppen zerstört. Erhalten blieben nur die umfangreichen, unterirdischen Verteidigungsanlagen, die im 18. Jahrhundert die größten ihrer Art in Europa waren. Reste davon können heute besichtigt werden.
1872 bis 74 wurde auf den Ruinen der alten, nassauischen Landesburg der Wilhemsturm als Aussichtsturm und Denkmal für Wilhelm den Schweiger errichtet, jenen Feldherrn aus dem Haus Nassau-Oranien, der mit seinen Truppen zur Befreiung der Niederlande von spanischer Herrschaft beigetragen hat.
Im Turm ist heute ein Museum untergebracht.

Westerwaldvariante

Der Winter auf dem Rothaarsteig ist nicht nur eindrucksvoll, wenn Schnee auf den Bergen liegt (links). Es gehört zu den magischen Momenten in dieser Landschaft, wenn nach einer nebelverhangenen Nacht Frost aufkommt und der Nebel an den Bäumen auf den Bergkämmen gefriert (unten+rechts).

Westerwald-Variante: Von Dillenburg nach Burbach

Von Dillenburg führt die südlichste Rothaarsteig-Variante zunächst über den Kornberg (454 m) nach Langenaubach. Durch ein wildromantisches Tal geht es dann langsam aufwärts zur Fuchskaute, dem südlichsten Punkt des Rothaarsteigs (656 m). Über die Lipper Höhe und das Naturschutzgebiet „Großer Stein" bei Burbach geht es dann weiter zur Wasserscheide. Nördlich von Steinbach vereinigt sich die Westerwaldvariante mit dem Hauptweg des Rothaarsteigs, der direkt von Dillenburg nach Norden verläuft. Der Westerwald ist ein Hochplateau mit einer sanft hügeligen, offenen Landschaft mit vielen Aussichtspunkten. Erst ab der Lipper Höhe wird es etwas steiler, wenn der Rothaarsteig Kurs auf die Wasserscheide zwischen Dill und Sieg nimmt.

Der Winter ist die stille Zeit in den Wäldern des Rothaarsteigs. Während im Sommer der vielstimmige Gesang der Vögel erklingt, hört man im Winter oft nur das Pfeifen des Windes.

Schon wenn im Oktober oder November die ersten Frostnächte kommen und der Frost mehrere Tage hintereinander anhält, bilden sich entlang der Bäche imposante Eisgebilde.

Das erste markante Wanderziel ist die Fuchskaute (656 m). Um den Gipfel herum erstreckt sich ein großes Naturschutzgebiet.

Der Rothaarsteig ist auch ein Weg der Quellen. Neben namenlosen Quellen wie dieser gibt es prominente Vertreter, wie die Dill-, Lahn-, Sieg-, Eder-, Lenne-, Ruhr- und Möhnequelle.

Die Rotbuche war früher einmal die dominierende Baumart in den Wäldern des Rothaarsteigs. In Zeiten intensiver Forstwirtschaft wurde sie vielerorts durch die schneller wachsende Fichte ersetzt. Heute hat man erkannt, dass Mischwälder deutlich resistenter sind gegen Schädlinge, Windbruch und andere Gefahren für den Wald als Monokulturen. Deshalb nimmt der Anteil der Rotbuchen in den letzten Jahren wieder deutlich zu.

Ausblick von der Fuchskaute (656 m), in der Gemeinde Rennerod, auf Willingen im Westerwald.

Anfang Mai blühen im Westerwald die Apfelbäume.

Im Mai und Juni blühen entlang des Rothaarsteigs viele verschiedene Orchideenarten wie hier das Gefleckte Knabenkraut. Gerade auf der Fuchskaute findet man viele verschiedene Arten.

Das Naturschutzgebiet auf der Fuchskaute (656 m) bildet den südlichsten Punkt des Rothaarsteigs.

Eichhörnchen sieht man oft am Wegesrand des Rothaarsteigs. Andere Wildtiere zeigen sich dem Wanderer erheblich seltener.

Südlich von Langenaubach führt der Rothaarsteig durch ein bewaldetes Tal, das heute ganz der Natur gehört. Früher jedoch waren hier mehrere Steinbrüche und Tongruben.

In Rabenscheid begrüßt ein „Waldschrat" den Wanderer.

Der naturbelassene Aubach im wildromantischen Aubachtal nördlich von Rabenscheid lädt zum Verweilen ein.

„Magolwes" nennt man den Eichelhäher im Siegerland. Er ist hier beinahe so etwas wie das inoffizielle Wappentier.

Immer wieder säumen Spuren einer industriellen Vergangenheit den Wanderweg, die langsam von der Natur wieder getilgt werden. Diese Pforte bei Langenaubach ist der Eingang zu einem alten Steinbruch.

Vom Ketzerstein (610 m) oberhalb von Weißenberg hat man einen schönen Blick auf die Lipper Höhe.

In der Nähe des Ketzersteins wird jede Kompassnadel in die Irre geführt. Viele Legenden ranken sich um den Felsen und seinen Namen. Im Licht der untergehenden Sonne hat er jedenfalls etwas Mystisches.

Dill-Variante: Von Dillenburg zur Tiefenrother Höhe

Als Alternativstrecke zur 50 km langen Westerwaldvariante führt die Dill-Variante auf dem kürzesten Weg von Dillenburg zu den Südausläufern des Rothaargebirges. Dabei überquert sie mehrere Ausläufer des Lahn-Dill-Berglandes. Mehrfach führt der Weg wieder hinab in die Orte im Tal. Der südlichste in dieser Reihe ist Manderbach. Von hier steigt der Rothaarsteig durch das beschauliche Hengstbachtal sanft an. In Fellerdilln und Rodenbach führt er noch einmal durch zwei Ortschaften, bevor er am Forsthaus Steinbach vorbei endgültig die Höhe der Wasserscheide zwischen Dill und Sieg erklimmt. Unmittelbar westlich der Tiefenrother Höhe trifft die Dill-Variante mit der Westerwald-Variante zusammen.

Viele der alten Fachwerkhäuser im Land der Dill sind reich verziert, wie dieser alte Hof in Rodenbach.

Einer der schönsten Abschnitte der Dill-Variante ist das Hengstbachtal bei Manderbach.

Hessischer Grenzweg

Nicht nur im strahlenden Sonnenschein ist es ein Erlebnis über den Rothaarsteig zu wandern. Wenn bei Regen der Nebel in den Hangwäldern aufsteigt, ist die Luft erfüllt von den unterschiedlichsten Düften.

Oberhalb des Marktplatzes in der Siegener Oberstadt erhebt sich der Turm der Nikolaikirche. Auf seiner Spitze ließ Graf Johann Moritz aus der evangelischen Linie der Nassau-Oranier im Jahre 1652 eine goldene Krone errichten. Er feierte damit seine Erhebung in den Fürstenstand. Gleichzeitig sorgte er damit dafür, dass der Turm der evangelischen Stadtkirche zwei Meter höher in den Himmel ragt, als der Turm des katholischen Oberen Schlosses. Das „Krönchen" ist heute das Wahrzeichen der Stadt Siegen.

Blick ins Siegerland

Das Obere Schloss in Siegen geht auf eine mittelalterliche Höhenburg zurück. Es diente der katholischen Linie des Grafen- und späteren Fürstenhauses Nassau-Oranien zeitweilig als Residenz. Heute ist hier das Siegerlandmuseum untergebracht.

Viele Wegkreuzungen im Siegerland werden von knorrigen, alten Bäumen markiert. An den Zugangswegen zum Rothaarsteig sind sie jetzt mit dem schwarzen R auf gelbem Grund geschmückt.

Nur wenige Industriedenkmäler erinnern an die bergmännische Vergangenheit des Siegerlandes. Durch den Stahlbergstollen in Hilchenbach-Müsen kann man einige hundert Meter tief in den Berg eindringen. Es ist dies aber nur eine kleine Erinnerung an die vielen hundert Kilometer Stollen in den Siegerländer Bergen.

Der schönste Aussichtspunkt auf dem Weg entlang der hessischen Grenze ist die Tiefenrother Höhe (551 m). Während man in südlicher Richtung noch auf das Lahn-Dill-Bergland schaut (links), liegt einem beim Blick nach Norden das ganze Siegerland zu Füßen (rechts).

In den alten Buchenwäldern um den Jagdberg (674 m) blüht häufig der Fingerhut.

Hessischer Grenzweg: Von Burbach zum Jagdberg

Ab der Tiefenrother Höhe wird deutlich, dass der Rothaarsteig nun auf seinem Weg nach Norden einem durchgehenden Höhenrücken folgt. Trotzdem wird es jetzt oft steiler als zuvor, weil die Höhendifferenz zwischen den einzelnen Bergen, die den Kamm des Rothaargebirges bilden, zum Teil beträchtlich ist. Die Wälder werden jetzt dichter. Fichtenwälder wechseln sich mit Buchen- und Mischwäldern ab. Aussichtspunkte findet man vor allem an Kahlschlagsflächen. Zum ersten Mal wird auf diesem Streckenabschnitt deutlich, dass der Rothaarsteig auch ein Weg der Grenzen ist. Bis zum Jagdberg in der Gemeinde Bad Laasphe läuft er fast unmittelbar auf der Grenze zwischen Nordrhein-Westfalen und Hessen. Beinahe auf seinem ganzen weiteren Verlauf folgt er von nun an historischen Grenzen. Vom Naturschutzgebiet Großer Stein bei Burbach bis zur Möhnequelle bei Brilon markiert der Rothaarsteig gleichzeitig auch jeweils eine wichtige Wasserscheide: zunächst zwischen Sieg und Dill, dann zwischen Sieg und Lahn sowie schließlich sogar zwischen Rhein und Weser.

Nach der Tiefenrother Höhe ist das nächste markante Wanderziel auf dem Weg nach Norden die Dillquelle südlich der Haincher Höhe. Auf dem Jagdberg erreicht der Rothaarsteig schließlich Wittgensteiner Territorium.

Gebacken wurde im Siegerland in Gemeinschaftsbackhäusern, „Backes" genannt. Heute sind es nur noch die Heimatvereine - wie hier in Burbach - die gelegentlich die Backhäuser anheizen.

Typisch für das Siegerland ist ein Graubrot, das „Schanzenbrot" genannt wird. Es erhielt seinen Namen von den „Schanzen", den Reisigbündeln aus dem Siegerländer Hauberg (s. S. 50), mit denen die Backhäuser geheizt wurden. Die Schanzen wurden einfach auf der Grundplatte des Ofens abgebrannt. Dann kehrte man die Asche aus dem Ofen und legte die Brote auf die heiße Steinplatte.

In Hainchen steht die einzige Höhenwasserburg Südwestfalens. Von der ursprünglichen, viertürmigen Anlage sind heute nur noch die Grundmauern, Kellergewölbe und ein Seitenflügel erhalten. Hainchen war das Stammschloss der Familie von Bicken. 1564 wurde hier in Hainchen Johann Adam von Bicken geboren, der spätere Erzbischof und Kurfürst von Mainz.

Der Burbacher Ortsteil Holzhausen ist bekannt für seine besonders zahlreichen, gepflegten Fachwerkhäuser. Heute findet man in Holzhausen das „Fiester-Hannes Gasthaus". Gemeint ist der „Fenster-Hannes", ein ehemaliger Wirt, der den größten Teil des Tages aus seinem Fenster auf die Straße hinaus schaute.

In der Scheune der ehemaligen nassauischen Vogtei in Burbach hat der Heimatverein des Ortes eine interessante Sammlung historischer Handwerks-Werkstätten zusammengetragen. Kleine Heimatmuseen dieser Art gibt es entlang des gesamten Rothaarsteigs.

Zwischen der Lipper Höhe und Burbach erstreckt sich das Buchhellertal. Von der großen Grubenanlage, die hier einmal war, findet man heute nur noch die Abraumhalden und einige überwucherte Reste.

Die besonders großen Facettenaugen der auf dem Rothaargebirge sehr häufigen Schwebfliege, welche zu ihrem Schutz die Wespe imitiert, gehören zu den faszinierendsten Dingen, die die Natur im Kleinen geschaffen hat.

Naturschutzgebiete wie im Buchhellertal bieten die Gelegenheit, sich einmal auf den Bauch zu legen und in den „Wiesen Dschungel" einzutauchen. Dabei kann es jedoch nicht darum gehen, auf der Suche nach seltenen Tier- und Pflanzenarten (die es hier natürlich auch gibt) einige Quadratmeter „normaler" Wildwiesen plattzutreten. Gerade die alltäglichen Kleinigkeiten am Wegesrand bewusst zu erleben, gehört zu den Erfahrungen, die der Rothaarsteig vermitteln möchte.

Immer wieder ein Wunder der Natur, wenn sich nach der Verpuppung aus den äußerlich gewöhnungsbedürftigen Raupen die herrlichen Schmetterlinge entwickeln.

Vom Turm der Ruine Ginsburg bei Hilchenbach hat man einen schönen Ausblick nach Westen ins Siegerland. Rechts liegt das Insbachtal, das zur Gemeinde Hilchenbach gehört, rechts im Hintergrund die Gemeinde Kreuztal. Auf der linken Seite beginnt hinter dem Bergrücken die Gemeinde Netphen, hinter den Bergen in der Mitte im Hintergrund liegt Siegen.

Sieg-Lahn-Kamm

Impressionen aus Wittgenstein:

Blick von Stünzel in die Gemeinde Bad Berleburg.

Wittgenstein existiert bereits seit ungefähr 700 Jahren in seinen heutigen Grenzen. Bis zum Zusammenschluss mit dem Kreis Siegen zum Kreis Siegen-Wittgenstein hatte es somit am längsten von allen deutschen Landkreisen seine Grenzen gewahrt. Bis in die Zeit Napoleons regierte hier das Grafen- und spätere Fürstenhaus Sayn-Wittgenstein. Heute ist die Familie - wie schon mehrfach in ihrer Geschichte - in mehrere Linien aufgespalten. Genau wie die Siegerländer Landesherren übten die Wittgensteiner eine hohe religiöse Toleranz. Dadurch haben sich auch in Wittgenstein einige christliche Splittergruppen (Pietisten, Neuapostoliker u.a.) niedergelassen. Vielen dieser Gruppen gelang von hier aus der Sprung in die Neue Welt, so dass es auch heute noch zahlreiche religiöse und partnerschaftliche Verbindungen nach Amerika gibt. Wirtschaftlich war Wittgenstein schon immer eine besonders strukturschwache Region. Die Menschen lebten von der Köhlerei als Zulieferer für die Siegerländer Hüttenbetriebe sowie von der Land- und Forstwirtschaft. In einigen Wittgensteiner Orten wie Raumland wurde etwas Schiefer abgebaut. Heute hat sich Wittgenstein als Kur- und Urlaubsregion etabliert. Vor allem die beiden Kurbäder Bad Laasphe und Bad Berleburg ziehen Kurgäste und Urlauber an.

Unterhalb das Jagdberges beginnt das romantische Ilsetal.

Hinter den Fachwerkfassaden von Feudingen erhebt sich der Turm der mittelalterlichen Kirche. In vielen Wittgensteiner Orten gibt es sehenswerte Kirchen mittelalterlichen Ursprungs.

In den meistens noch im Besitz der Familie Sayn-Wittgenstein befindlichen Wittgensteiner Wäldern liegen viele einsame Forsthäuser wie hier das Forsthaus in Röspe.

Girkhausen besitzt eine für einen so kleinen Ort ungewöhnlich große Kirche, weil der Ort vor der Reformation ein bekanntes Wallfahrtsziel war.

Blick ins Wittgensteiner Land

Unterhalb des Jagdbergs entspringt die Ilse. Das Ilsetal gehört zu den schönsten Tälern im südlichen Wittgensteiner Land. Von Feudingen führt der Zugangsweg zum Rothaarsteig durch das Ilsetal zum Jagdberg. Im Mittelalter war das Wasser der Ilsequelle als Heilwasser bekannt. Von weit her kamen Menschen zu der Quelle, die Linderung für ihre Krankheiten versprach. Moderne wissenschaftliche Untersuchungen haben ergeben, dass sich das Ilsewasser tatsächlich vom Wasser aller anderen Quellen der Region unterscheidet. Die Ionen der Mineralien, die es enthält, sind in ungewöhnlicher Weise polarisiert. Die Ursache dafür ist vermutlich das eisenhaltige Gestein, aus dem das Wasser hervorquillt. Ähnliche physikalische Eigenschaften hat beispielsweise das Wasser der berühmten Heilquelle in Lourdes. Trotzdem erinnert sich heute kaum noch jemand an die Heilwirkung des Ilsewassers.

Auf dem Jagdberg (674 m) erreicht der Rothaarsteig das Wittgensteiner Land.

Großenbach in der Nähe der Siegquelle ist eine alte Köhlersiedlung. In Wittgenstein findet man viele solcher Köhlersiedlungen auf den Bergrücken. Bis zur Mitte des 19. Jh. wurden von hier aus die Siegerländer Hüttenbetriebe mit Holzkohle beliefert.

Sieg-Lahn-Kamm: Von Jagdberg zum Giller

Vom Jagdberg bis zum Rhein-Weser-Turm verläuft der Rothaarsteig fast genau nach Norden. Immer wieder berührt der Weg die kleinen Ortschaften auf dem Kamm wie unter anderem Heiligenborn, Lahnhof, Großenbach und später Jagdhaus. Viele von ihnen sind ehemalige Köhlersiedlungen. Aussichtspunkte ergeben sich jetzt nicht nur an den Kahlschlägen, sondern auch an den Viehweiden im Wald, den sogenannten „Kampen". Von der Ederquelle bis Lützel verläuft der Rothaarsteig durch das sanfte obere Edertal. Bei Lützel kreuzt er schließlich nicht nur eine Eisenbahnlinie, er erreicht auch mit dem Giller einen seiner schönsten Aussichtsberge. Von dort ist es dann nicht mehr weit bis zur Ginsburg, die beinahe schon den geografischen Mittelpunkt des Wegesystems darstellt.

Bis Mitte des 19. Jahrhunderts die Eisenbahn die Steinkohle ins Siegerland brachte, wurden die Siegerländer Eisenhütten mit Holzkohle geheizt. Um den gewaltigen Bedarf an Holzkohle zu decken, hat man hier bereits in der frühen Neuzeit die Haubergswirtschaft entwickelt. Bei dieser besonderen Niederwaldbewirtschaftungsform wird der Wald durchschnittlich alle 25 bis 30 Jahre eingeschlagen. Die Stämme verarbeitet man zu Holzkohle. Die Äste werden zu Bündeln, den „Schanzen" gebunden, mit denen man Häuser und Backhäuser heizt.

Die Rinde der Eichen im Hauberg wurde vor dem Holzeinschlag abgeschält und als Eichenlohe zur Gewinnung von Gerbstoffen für die Lohgerberei genutzt.

In die freigeschlagenen Haubergsflächen wurde des Vieh getrieben. Im Sieger- und Wittgensteinerland haben noch Reste jener Rinderrasse überlebt, die früher nicht nur im Hauberg anzutreffen war: das Wittgensteiner Rotvieh, eine bodenständige, sehr widerstandsfähige Höhenviehrasse. Durch die modernen „Leistungsrassen" wurden solche traditionellen Rinderrassen in ganz Deutschland allerdings fast vollständig verdrängt. Durch die daraus resultierende Verknappung der genetischen Vielfalt bieten die heutigen Rassen den aufkommenden Viehseuchen eine viel bessere Angriffsfläche.

Die ehemalige Mühle von Altenteich ist heute ein Ferienhaus.

Der Schmied von Lützel ist nicht nur Hufschmied, sondern fertigt auch interessante Skulpturen.

Aufgrund seiner vielen Kohlenmeiler nannte man das Siegerland bis ins 19. Jahrhundert auch „Land der 1000 Feuer". Nur in Walpersdorf in der Gemeinde Netphen gibt es heute noch einen kommerziell betriebenen Kohlenmeiler. Die hier hergestelle Holzkohle wird wie in alter Zeit noch für Spezialanwendungen in der Stahlindustrie benötigt. Daneben entsteht natürlich auch die im Sommer sehr gefragte Grillkohle.

Alljährlich zu Pfingsten findet auf der Ginsberger Heide bei Lützel das große Kulturfestival „KulturPur“ statt. Neben musikalischen Angeboten aus verschiedenen Musiksparten gibt es vor allem viele Gaukler und Straßenkünstler zu sehen. Das Ereignis lockt jedes Jahr 50.000 Menschen in die Zeltstadt unterhalb des Gillers.

Von der Ginsberger Heide zur Ginsburg führt der Rothaarsteig durch einen Forstbestand mit besonders prachtvollen alten Bäumen.

Das bewusste Erleben der Natur ist für Kinder besonders wichtig. Seit vielen Jahren schon bietet deshalb das Jugendheim auf der Ginsberger Heide Walderfahrungskurse unter der Anleitung eines Försters an.

Die „Schöne Aussicht“ südlich von Lützel trägt vor allem im Winter ihren Namen nicht zu Unrecht.

Auch im Winter lädt der Rothaarsteig zum Wandern ein. Während in den Tälern die Schneedecke oft nur sehr dünn ist, sind die Kammlagen des Rothaargebirges oft tief verschneit.

Der stählerne Aussichtsturm auf dem Giller wurde bereits Ende des 19. Jahrhunderts vom Sauerländer Gebirgsverein e.V. (SGV) errichtet. Er steht heute unter Denkmalschutz und wurde kürzlich vom SGV aufwändig restauriert.

Winterliche Stimmungen in den Wäldern um den Giller.

Lützel am Fuße des Gillers ist ein typisches Siegerländer Bergdorf. Der Rothaarsteig hat hier Eisenbahnanschluss. Nach Osten reicht die Verbindung bis nach Bad Berleburg und über Bad Laasphe nach Marburg. Nach Westen zu fährt die „Rothaarbahn" von Lützel über eine abwechslungsreiche Strecke nach Hilchenbach und Kreuztal.

Die Ginsburg bei Lützel ist eine ehemalige nassauische Grenzfestung, die unter anderem die Aufgabe hatte, die Eisenstraße zu sichern, eine alte Handelsroute zwischen den siegerländer Hütten und den Handelsplätzen um Frankfurt. Nach dem Verfall der Burg hat man im 19. Jahrhundert die meisten Steine für die Ausmauerung des Eisenbahntunnels unter dem Burgberg benutzt. Die heute zu sehenden Mauern sind größtenteils nach Ausgrabungen in den 1960-er Jahren wieder aufgebaut worden. Vor allem der Aussichtsturm ist neu errichtet und hat mit dem alten Burgturm wenig gemeinsam. Zur Blütezeit der Burg sammelte Graf Ludwig von Nassau-Dillenburg im Auftrag seines Bruders Prinz Wilhelm I. von Nassau-Oranien (genannt Wilhelm der Schweiger) auf der nahegelegenen Ginsberger Heide im Jahre 1568 Truppen, um die Niederländer in ihrem Kampf gegen die spanische Herrschaft zu unterstützen.

Das Küchenhaus war bei der Ginsburg - wie bei vielen anderen älteren Burganlagen - etwas außerhalb der Kernburg. Auf diese Weise wollte man der Gefahr entgegenwirken, dass der Funkenflug aus dem Küchenkamin die Dächer der übrigen Burggebäude in Brand steckt. Auf den Grundmauern des alten Küchenhauses hat man in den letzten Jahren ein Gebäude errichtet, das in seiner Form ungefähr dem entsprechen könnte, das dort ursprünglich einmal stand. Pläne der historischen Bausubstanz gibt es allerdings leider nicht.

Das Fachwerkhaus neben dem Küchenhaus ist die Rekonstruktion eines Hammergewerkenhauses aus dem Siegener Stadtteil Buschgotthardtshütten. In diesem Fachwerkhaus trafen sich einst die „Herren Gewerken", die genossenschaftlichen Besitzer eines Hammerwerkes. Das historische Gebäude musste in Siegen dem Bau einer Schnellstraße weichen. Teile des Originalbaus fanden bei der Rekonstruktion auf dem Ginsburggelände wieder Verwendung.

Ausblick vom Giller
Richtung Erndtebrück
bei Sonnenaufgang

Sieg-Eder-Kamm

Anfang Mai im Hademtal überrascht die Farbenpracht des Mischwaldes.

Sonnenuntergang an einem Frühlingsabend oberhalb des Hilchenbacher Stadtteils Vormwald (rechts).

Sieg-Eder-Kamm: Vom Giller zum Rhein-Weser-Turm

Von der Ginsburg aus führt der Rothaarsteig wieder aufwärts bis zur Ginsberger Heide unterhalb des Gillers. Sie ist die südlichste einer ganzen Reihe von Hochheideflächen auf dem Rothaarkamm, die der Rothaarsteig auf seinem Weg kreuzt. Diese Flächen sind im Laufe von Jahrhunderten vor allem durch die extensive Beweidung dieser Bergregionen entstanden. Heute stehen alle diese Flächen unter Naturschutz, und es bedarf sehr viel Sorgfalt und Pflege, um sie als Heideflächen zu erhalten. Nördlich von Hilchenbach überquert der Rothaarsteig den Riemen, der mit 678 m der höchste Berg des Siegerlandes ist. Nur wenige hundert Meter weiter nördlich liegt der Dreiherrnstein. Seit Jahrhunderten treffen hier Siegerland, Wittgenstein und Sauerland aufeinander. Hinter der Heinsberger Heide verlässt der Rothaarsteig den eigentlichen Gebirgskamm und führt hinunter ins sehr attraktive Schwarzbachtal. Aus diesem Tal heraus folgt dann der Anstieg zum Rhein-Weser-Turm auf der Wasserscheide zwischen Rhein und Weser.

Die Kastanien auf der Dammstraße in Hilchenbach markieren die Grenze zum alten Schlossbezirk der Wilhelmsburg (s. Seite 66). Die Dammstraße verläuft über den alten Burgwall.

In den Tälern des Siegerlandes gibt es manchmal noch so etwas wie ländliche Idylle, wie hier im Hilchenbacher Stadtteil Vormwald.

Zur offiziellen Eröffnung des Rothaarsteigs am 6. Mai 2001 errichteten NRW-Bauminister Michael Vesper (hinten links), Regierungspräsident Wolfram Kuschke (vorne links), Dr. Norbert Krekeler vom Hessischen Wirtschaftsministerium (hinten rechts) und Thomas Weber, der Vorsitzende des Rothaarsteigvereins (vorne rechts) den ersten neuen Wegweiser im typischen Rothaarsteig-Design. In den nächsten Jahren soll der ganze Weg in diesem Stil beschildert werden.

Die Gestalter des Rothaarsteigs haben es sich zum Ziel gesetzt, für eine Wegmarkierung zu sorgen, die jedem Wanderer die Sicherheit gibt, sich nicht verlaufen zu können. Speziell entwickelte Wegweiser sollen dazu einen Beitrag leisten.

Stift Keppel im Hilchenbacher Stadtteil Allenbach ist ein altes Prämonstratenserkloster. Teile der Kirche stammen noch aus dem 13. Jahrhundert. Die übrigen Gebäude entstanden teilweise in der Barockzeit und teilweise im 20. Jahrhundert. Heute ist in Stift Keppel ein Gymnasium untergebracht.

Der Hilchenbacher Stadtteil Allenbach bietet heute noch einen Anblick, wie er früher einmal im Siegerland allgegenwärtig war: Hinter einem Fachwerkhaus ragt der Schornstein eines Hammerwerkes auf. Der Allenbacher Hammer ist einer der letzten im Siegerland.

Heimatmuseum und „Haus des Gastes" sind in Hilchenbach unter dem Dach der Wilhelmsburg zu finden. Auf den Grundmauern einer nassauischen Burganlage wurde im 18. Jahrhundert das heutige Gebäude errichtet. Es diente bis 1976 als Amtsgericht.

Der Hilchenbacher Marktplatz wurde weitgehend in seinen historischen Zustand zurückversetzt. So bietet er heute wieder eine schöne Fachwerksilhouette.

Im Siegerland haben die evangelischen Kirchen keinen Eigennamen, so auch die Kirche von Hilchenbach

Besonders zur Weihnachtszeit ist der Hilchenbacher Marktplatz sehenswert.

Unterhalb des Steimels steht jedes Jahr in der Weihnachtszeit ein einsamer Weihnachtsbaum im Wald. Jeder Wanderer, der hier vorbeikommt, darf sich etwas mitnehmen. Es heißt, der Baum würde von den Dilldappen - sagenhaften Gestalten aus den Siegerländer Wäldern - dort aufgestellt.

In Helberhausen wird auch heute noch eine alte Tradition gepflegt: An jedem Neujahrsmorgen zieht die „Bärengruppe" durchs Dorf. Die unverheirateten, jungen Männer des Dorfes verkleiden sich als Pirat, Mexikaner, Bär, Bärenführer, Hexe sowie Teufel, Mohr oder Seemann und machen gründlich Lärm, um die bösen Geister des Winters auszutreiben. Gleichzeitig läuten sie an jeder Haustür, wünschen den Helberhäusern, Hademern und Oberndorfern ein gutes Neues Jahr und sammeln Geld für einen guten Zweck.

Auf dem Dreiherrnstein (673 m) erreicht der Rothaarsteig die Südgrenze des Sauerlandes. Bis zum Beginn des 19. Jahrhunderts stießen hier die Grafschaften Nassau-Siegen und Wittgenstein an das Kurkölnische Sauerland. Unweit des Dreiherrnsteins verläuft heute die Grenze zwischen dem Kreis Siegen-Wittgenstein und dem Südsauerländer Kreis Olpe.

Hinter Schrubbs Hof in Helberhausen erinnert nur noch der Mühlteich an die alte Dorfmühle, die hier einmal stand.

Die Mücken tanzen in der Abendsonne. Glücklicherweise gibt es auf dem Rothaarsteig nur wenige Mücken, die tatsächlich stechen.

Der nördliche Zugangsweg von Hilchenbach zum Rothaarsteig führt über den Rauhen Berg oberhalb des Hilchenbacher Stadtteils Hadem zur Oberndorfer Höhe.

Im Schwarzbachtal oberhalb von Röspe hat man durch Renaturierung Feuchtflächen wieder hergestellt. Ursprünglich einmal waren alle Täler des Rothaargebirges von Sümpfen durchzogen. Im Naturschutzgebiet Schwarzbachtal kann der „abenteuerlustige" Wanderer den Bachlauf an einer Furt überqueren. Wer lieber den bequemen Steg wählen möchte, muss einen kleinen Umweg laufen.

Nach dem Aufstieg durch das Schwarzbachtal erreicht der Rothaarsteig den Rhein-Weser-Turm (gelegen auf 685 m). Der Aussichtsturm ist nach der Wasserscheide benannt, auf der er steht.

Viele aus dem Rothaargebirge beinahe verschwundene Tier- und Pflanzenarten kehren in die renaturierten Gebiete zurück.

Morgenstimmung auf
der Heinsberger Heide

Der Hauptkamm des Rothaargebirges

Burg Schnellenberg oberhalb von Attendorn ist der ehemalige Stammsitz einer Linie der weitverzweigten Familie der Freiherrn von Fürstenberg. Die Sauerländer Fürstenbergs stammen aus der Nähe von Neheim-Hüsten und sind nicht verwandt mit dem süddeutschen Fürstenhaus gleichen Namens. Im Sauerland sind sie heute immer noch ein weit verbreitetes Adelsgeschlecht. Unter anderem haben sie mehrfach in ihrer Familiengeschichte den Fürstbischof von Paderborn gestellt . Große Waldgebiete - auch auf dem Rothaargebirge - sind im Besitz dieser Familie. Die Burg Schnellenberg erhielt zwar in der Barockzeit ihre heutige Form, geht jedoch in den Grundmauern auf eine mittelalterliche Höhenburg zurück. Heute ist in der Burg Schnellenberg ein weithin bekanntes Hotel untergebracht.

Blick ins Süd-Sauerland

Kirchveischede ist für seine gut gepflegten Fachwerkhäuser bekannt.

Viele Abschnitte des Rothaarsteigs sind für Wanderer und Spaziergänger jeden Alters begehbar.

Impressionen aus dem Kreis Olpe:

Der Hauptkamm des Rothaargebirges bildet nicht nur die Wasserscheide zwischen Rhein und Weser. Hier verläuft auch eine der markantesten Dialektgrenzen im deutschsprachigen Raum, die sogenannte „Benrather Linie", die bei Benrath den Rhein kreuzt. An keiner anderen Dialektgrenze in Deutschland sind die Unterschiede zwischen unmittelbar benachbarten Dialekten so groß wie hier. Auch kulturell unterscheidet sich das Sauerland deutlich von Siegerland und Wittgenstein. Über Jahrhunderte hinweg gehörte das Sauerland zum kirchlichen Fürstentum Kurköln. Deshalb ist auch heute noch der Katholizismus die hier vorherrschende Glaubensform. Land- und Forstwirtschaft waren hier früher die wichtigsten Erwerbszweige. An der Grenze zum Siegerland gab es im Kreis Olpe aber auch etwas Erzbergbau und Stahlindustrie. Heute spielt im Sauerland der Fremdenverkehr eine wichtige Rolle. Der Kreis Olpe hat dem Besucher viel Abwechslung zu bieten: das Angebot reicht vom größten Stausee im Sauerland - dem Biggesee - über eine Tropfsteinhöhle, die Attahöhle, Schlösser wie Burg Schnellenberg bei Attendorn und Aussichtstürme wie die „Hohe Bracht" bei Altenhundem bis zum modernen Freizeitpark „Panoramapark Sauerland".

Zwischen Kirchhundem und Oberhundem am Fuße des Rothaargebirges schlängelt sich der Hundembach noch in Mäandern durch den Weidegrund.

Der Biggesee zwischen Olpe und Attendorn ist der größte Stausee im Sauerland. Seine wichtigste Aufgabe ist die Regulierung der Trinkwasserversorgung für das Ruhrgebiet.

Ausblick von den Albaumer Klippen Richtung Heinsberg. Die Albaumer Klippen sind zusammen mit den Oberhundemer Klippen Teil einer Kette von kleinen Felsformationen, die quer zum Rothaarkamm durch den Kreis Olpe verläuft.

Die Adolfsburg bei Oberhundem wurde in der Barockzeit vom Freiherrn Adolf von Fürstenberg erbaut. Seine Familie übersiedelte von der Burg Schnellenberg hierher. Im 19. Jahrhundert verlegten die Fürstenbergs dann ihre Residenz nach Schloß Herdringen bei Neheim-Hüsten. Für längere Zeit war nun in der Adolfsburg eine Schule untergebracht. 1983 verkaufte die Familie das Schloss. Durch den Einbau von Eigentumswohnungen wurde die Raumaufteilung vollständig verändert.

Die Sombornquelle kurz vor Jagdhaus liegt als eine der schönsten Quellen unmittelbar am Rothaarsteig.

Der Hauptkamm des Rothaargebirges: Vom Rhein-Weser-Turm nach Jagdhaus

Obwohl der Rothaarsteig ab dem Rhein-Weser-Turm weiterhin dem hügeligen Verlauf des Rothaarkammes mit seinem ständigen Auf und Ab folgt, ist die Tendenz des Weges doch insgesamt ansteigend. Bis zum Kahlen Asten wächst die durchschnittliche Höhe von sechshundert auf achthundert Meter. Auf diesem Abschnitt des Rothaarsteigs gibt es die Möglichkeit zu einem attraktiven Abstecher Richtung Saalhausen. Oberhalb des Ortes liegt das „Alpenhaus", eine Alpenvereinshütte im alpinen Stil mit Restauration und Übernachtungsmöglichkeit. Wer Hüttenatmosphäre mag, sollte hier einkehren.

Saalhausen im Tal der Lenne (Gemeinde Lennestadt) ist ein beliebtes Ausflugsziel. An den Hängen um Saalhausen wird aber gerade im Frühjahr auch ein Wandel in der Forstwirtschaft deutlich. Auf dem Rothaargebirge gibt es eine Tendenz zur naturnahen Forstwirtschaft, bei der man nicht nur versucht, durch Mischwälder die Selbstregulierung der Forstkulturen zu aktivieren. Man ist auch bestrebt, Kahlschläge durch selektiven Holzeinschlag in permanenten Beständen zu ersetzen. Was ökologisch mehr als sinnvoll ist, bringt den Wanderer leider gelegentlich um den einen oder anderen schönen Ausblick. Dafür bietet allerdings die Natur in solchen naturnah bewirtschafteten Beständen erheblich abwechslungsreichere Eindrücke als in Monokulturen. Heute gibt es zwar noch einige triste Fichten-Plantagen entlang des Rothaarsteigs, vermutlich aber werden sie in den nächsten Jahrzehnten aus dem Rothaargebirge verschwinden.

Ausblick vom Wildhöfer (726 m) auf das Milchenbacher Tal und den Kähling (622 m).

Viele besonders schöne Fachwerkhäuser zeichnen den Ort Saalhausen aus.

Die Streckenführung des Rothaarsteigs folgt eher den ursprünglichen, überwachsenen Pfaden als den breiten, befestigten Forststraßen.

„Vesperinsel“:
Wer im Rucksack seine Brotzeit mitgebracht hat, kann es sich demnächst auf den „Vesperinseln“ im typischen Rothaarsteig-Design bequem machen. Die ersten Vesperinseln werden von der Bevölkerung begeistert angenommen. Dieser Rommé-Club zum Beispiel reist bei gutem Wetter so manches Mal aus dem einige Kilometer entfernten Kreuztal an, um die bequemen Tischgruppen auf dem Rothaarsteig für eine Spielrunde zu nutzen.

Der Ort Jagdhaus liegt genau auf dem Rothaarkamm (640 m).
Er besteht nur aus wenigen Häusern.

Der Autor hat jeden Zentimeter des Rothaarsteigs „hautnah" und intensiv kennengelernt, weil die zuständige Werbeagentur für die Rothaarsteig-Kampagne die Froschperspektive als Aufnahmeperspektive vorgeschrieben hat.
(Foto: Michael Fischer)

Der große Heidkopf bei Jagdhaus bietet einen der schönsten Aussichtspunkte des Sauerlandes. Die beinahe 80 Ortschaften des Schmallenberger Sauerlandes liegen dem Betrachter hier zu Füßen.

Die Täler des Hochsauerlandes

Altastenberg nördlich des Kahlen Astens ist eine der höchstgelegenen Ortschaften Westdeutschlands.

Nieder-, Mittel- und Obersorpe im Sorpetal. Zum 1.Mai schmückt der traditionelle Maibaum Mittelsorpe.

Impressionen aus dem Hochsauerland:

Genau wie der Kreis Olpe ist das Hochsauerland ehemaliges kurkölnisches Gebiet. Der heutige Hochsauerlandkreis entstand durch Zusammenschluss der Kreise Meschede, Arnsberg und Brilon. Hier liegen die höchsten Berge Westdeutschlands: der Langenberg mit 843 m und der Kahle Asten mit 841 m. Der Rothaarsteig führt über beide Gipfel hinweg. Lange Zeit galt der Kahle Asten als höchster Berg der Region. Bei einer neueren Messung hat man allerdings festgestellt, dass der Langenberg noch zwei Meter höher ist.

Das Hochsauerland ist touristisch das am besten erschlossene Gebiet entlang des Rothaarsteigs. Nirgends sonst ist die Dichte der Hotels und Gaststätten so groß wie hier. Das touristische Angebot reicht von zahlreichen Aktivitäten wie Golf, Drachenfliegen, Reiten und Mountainbiking über Schaubergwerke - wie in Ramsbek, wo man sogar unter Tage Speisen und Feiern kann - bis zum modernen Freizeitpark „Fort Fun".

Das Sorpetal zwischen Wilzenberg und Hunau gilt als eines der schönsten Täler des Hochsauerlandes.

Typische Sauerländer Fachwerkfassade in Fleckenberg.

Blick ins Sauerland

Die Gasthäuser und Hotels im Sauerland bieten typisches Ambiente von urig bis luxuriös.

Auch für den Profi: Der anspruchsvolle, da hügelige Golfplatz von Schmallenberg-Winkhausen.

Die Täler des Hochsauerlandes: Zwischen Jagdhaus, Hunau und Kahlem Asten

Zwischen Jagdhaus und Kühhude teilt sich der Rothaarsteig. Obwohl auch der Kamm seine Reize hat, ist die nördliche Variante wohl die interessantere. Es geht hinunter in eines der schönsten Täler des Sauerlandes, das Latroptal, und von dort durch das Grubental hinauf nach Schanze. Für die zusätzlichen Höhenmeter wird der Wanderer mit vielen schönen Natureindrücken und Aussichtspunkten belohnt. Zwischen Schanze und Kühhude trifft die „Talvariante" wieder auf den Kammweg.

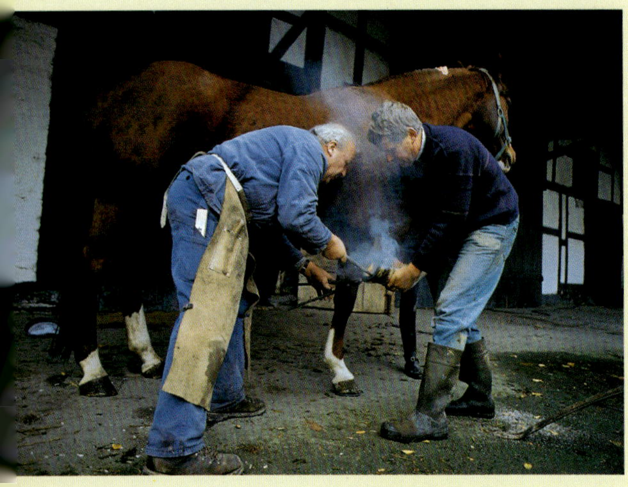

Zu den vielen touristischen Angeboten im Sauerland gehören auch Kutschfahrten mit Kaltblutpferden.

Traditionelles Handwerk: Der Hufschmied auf einem Hof in Fleckenberg.

Liebevoll gepflegte Ferienhäuser im Sauerland, z. B. am Weiher bei Winkhausen, unterstreichen den Charme der Region.

Hans von der Goltz, der Forstamtsleiter von Schmallenberg (links), bespricht mit Dr. Rainer Brämer, dem „geistigen Vater des Rothaarsteigs" (Mitte), und Hans Werner Braun, dem Bürgermeister von Bad Berleburg (rechts); die Streckenführung für den Rothaarsteig oberhalb des Latroptals.

Im Jahr 2000 wurde ein neuer Wegabschnitt im Bereich des Aussichtspunktes oberhalb des Latroptals fertiggestellt.

Impression am Wegesrand.

Eine der schönsten Möglichkeiten, einen Urlaub im Sauerland zu verbringen, ist ein Hüttenurlaub in einer der versteckt im Wald liegenden Jagdhütten. Vor allem über die Weihnachtsfeiertage ist das sehr beliebt.

„Ruhebank": Um dem Rothaarsteig ein einheitliches Gesicht zu geben, wird in den nächsten Jahren entlang des gesamten Wegenetzes eine „Möblierung" im speziellen Rothaarsteig-Design entstehen. Die konventionelle „Ruhebank" ist nur ein Beispiel dafür.

Sanfte, „schwingende“ Landschaften - wie hier oberhalb des Uentroptales bei Lenne - sind typisch für das Schmallenberger Sauerland.

Im barocken Hauptgebäude des ehemaligen Klosters Grafschaft ist heute ein Krankenhaus untergebracht. Bis zur Säkularisation war das Grafschafter Kloster der größte Landbesitzer in diesem Bereich des Schmallenberger Sauerlandes.

Der Höhepunkt des Altstadtfestes in Schmallenberg ist alljährlich eine Oldtimerallye.

Nordenau mit der
St. Hubertus-Kirche und der
Burgruine Rappelstein.

Traditionell wird das Vieh im Sommer auf die Bergweiden getrieben wie hier bei Nordenau. Leider verschwinden diese Sommerweiden immer mehr, weil sich die Viehwirtschaft hier kaum noch lohnt. Immer mehr Landwirte geben ihren Betrieb auf. Um die besonderen Ökosysteme der extensiv bewirtschafteten Waldwiesen mit ihren speziellen Tier- und Pflanzengemeinschaften zu erhalten, hat die Untere Landschaftsbehörde den Vertragsnaturschutz eingerichtet: Landwirte bewirtschaften gegen Bezahlung diese Flächen, um die Ökosysteme stabil zu erhalten.

In den Buchenwäldern des Rothaargebirges ist der Herbst die Zeit der Farben.

Der Fliegenpilz ist der fotogenste in der breiten Palette der Pilze des Herbstes.

Zahlreiche Wildarten leben in den Wäldern des Rothaargebirges. Rotwild (oben) Schwarzwild, Rehwild und der Rotfuchs (unten) gehören zu den wichtigsten Arten. Die scheuen Tiere halten sich jedoch meist weit abseits der Wege auf, so dass der Wanderer auf dem Rothaarsteig nur selten einen Blick auf sie erhaschen kann. Einen guten Eindruck von der heimischen Tierwelt bekommt der Besucher beispielsweise im Wildwald Vosswinkel bei Neheim-Hüsten, wo auch diese Aufnahmen entstanden.

Morgennebel über dem Rothaarsteig auf dem Hauptkamm des Rothaargebirges.

Auf den Bergrücken des Rothaargebirges weht häufig ein starker Wind. Dieser Jagdpächter hier wollte zweifellos sichergehen, dass ihm mit diesem Hochsitz kein Unfall passiert.

Das fürstliche Schloss in Berleburg ist über viele Jahrhunderte hinweg gewachsen. Auf den Grundmauern einer mittelalterlichen Höhenburg entstand zunächst der Renaissanceflügel (im Bild). In der Barockzeit wurde der heutige Mittelbau angefügt und zu Beginn des 19. Jahrhunderts kam noch der Südflügel hinzu. Schloss Berleburg ist bis heute die Residenz des Fürstenhauses Sayn-Wittgenstein-Berleburg. Das Hauptgebäude des Schlosses kann besichtigt werden. Die schönste Jahreszeit, Schloss Berleburg zu besuchen, ist der April, weil die Parkwiesen dann fast unter einem Meer von Krokussen verschwinden.

Lenne-Eder-Kamm

Der Höhepunkt des Berleburger Schützenfestes ist ein Fackelzug durch die Altstadt (links) und das anschließende Platzkonzert auf dem Marktplatz (oben).

Im Wittgensteiner Kurort Bad Berleburg ist - genau wie im Sauerland - das Schützenfest das wichtigste Ereignis des Jahres.

Prinz Richard zu Sayn-Wittgenstein-Berleburg (links), Fürstin Margareta (Mitte) und der „Thronerbe" Prinz Gustav (rechts) nehmen vom Balkon ihres Schlosses in Bad Berleburg die Schützenparade ab. Die Familie gehört zum europäischen Hochadel. Die Ehefrau Prinz Richards, Prinzessin Benedikte, ist die Schwester der Königin von Dänemark.

Brunnen auf dem Schlossplatz
von Bad Berleburg

„Waldliege“:
Neben der konventionellen Ruhebank wird es am Wegesrand des Rothaarsteigs auch „Waldliegen“ geben, auf denen der erschöpfte Wanderer bei Bedarf auch einmal etwas längere Zeit entspannen kann.

In den Wäldern des Rothaargebirges nördlich von Bad Berleburg gibt es reiche Schwarzwildbestände. Normalerweise halten sich die Wildschweine allerdings weit abseits der Wanderwege, so dass der Wanderer die Tiere selten zu sehen bekommt.

Lenne-Eder-Kamm: Von Jagdhaus zum Kahlen Asten

Der Hauptweg des Rothaarsteigs folgt von Jagdhaus an dem Hauptkamm des Rothaargebirges. Zwischen dem Albrechtsplatz und Küstelberg (siehe nächstes Kapitel) verläuft er noch einmal durch eine deutlich offenere Landschaft. Aufgrund einer durchschnittlichen Höhe von 700 bis 800 Metern bieten sich viele eindrucksvolle Aussichten. Im Winter werden die offenen Sommerweiden als Wintersportgebiete genutzt. Langewiese, Neuastenberg und Winterberg sind neben Willingen die beliebtesten Wintersportorte entlang des Rothaarsteigs.

Forsthaus im Paulsgrund

Die Stahlskulptur des Künstlers Prof. Ansgar Nierhoff ist das erste Exponat am Waldskulpturenweg, der bei Kühhude den Rothaarsteig kreuzt. Sie trägt den Titel „Kein leichtes Spiel" und wiegt stolze 60 Tonnen. Ineinander geschachtelte Torbögen, aus denen die Türflügel herausgefallen sind, deuten die Hindernisse an, die überwunden werden mussten, um nicht nur die geographische Grenze zwischen Sauerland und Wittgenstein, sondern auch die Grenze in den Köpfen der Menschen zu überwinden. 10 weitere Groß-Skulpturen entstehen in den nächsten Jahren entlang des Waldskulpturenweges von Bad Berleburg nach Schmallenberg.

Der Hamburger Künstler Andreas Oldörp hat in dem lichten Buchenwald oberhalb der Fischteiche südlich von Grafschaft als zweites Exponat am Waldskulpturenweg eine Klangskulptur installiert. Seither erfüllt rund um die Uhr ein Orgelklang das Tal. Je nach Wind- und Wetterlage variiert das Spiel der Obertöne über dem dumpfen Grundton.

Zahlreiche Bauten sind entstanden, um den Verlauf des Rothaarsteiges noch attraktiver zu gestalten. Westlich von Kühhude kann man nun per Hängebrücke eine kleine Schlucht überqueren.

In naturnah bewirtschafteten Forstbeständen kann man fast schon wieder „Urwaldatmosphäre" schnuppern.

Viele Wanderer empfinden die Zeit der Löwenzahnblüte als eine Sternstunde des Wittgensteiner Landes, weil die Wiesenhänge zu dieser Jahreszeit von einem Meer gelber Blüten überflutet werden. Leider ist diese optische Pracht aber Ausdruck einer ökologischen Katastrophe. Durch eine erhebliche Überdüngung der Weiden ist die Artenvielfalt der Wiesenblumen erheblich zurückgegangen.

Die Waldhyazinthe gehört zu den sehr selten gewordenen Orchideen auf den Hangwiesen des Rothaargebirges. Die intensive Düngung der Wiesen führt immer mehr zu einer Abnahme der Artenvielfalt.

Picknick am Weg nach Jagdhaus oberhalb von Wingeshausen

Ausblick von Hoheleye ins obere Lennetal und auf den Hümberg (links) sowie den Vordersten Hohen Knochen (rechts).

Zu Beginn des 20. Jahrhunderts sahen der Aussichtsturm und die Wandergaststätte auf dem Kahlen Asten fast aus wie eine Ritterburg. (Abdruck mit freundlicher Genehmigung des Postkartenverlages Josef Grobbel, Fredeburg i.W.)

Mit 841 m ist der Kahle Asten der höchste Berg des Rothaarhauptkammes. Lange Zeit galt er auch als höchster Punkt Westdeutschlands. Bei genaueren Messungen musste man jedoch feststellen, daß in Wirklichkeit der Langenberg zwischen Niedersfeld und Willingen noch 2 Meter höher ist. Trotzdem ist der Kahle Asten nach wie vor der Hauptanziehungspunkt für Touristen. Zum einen gibt es auf seinem Gipfel eine interessante Hochheidefläche mit Naturlehrpfad zu sehen, zum anderen bietet der Kahle Asten - anders als der Langenberg - durch seinen Aussichtsturm einen schönen Rundblick. Angeblich soll man sogar bis zum Siebengebirge am Rhein sehen können. Leider ist die Luft aber selten so klar, dass man diese Behauptung überprüfen könnte.

Die Hochheidefläche auf dem Kahlen Asten ist vermutlich die bekannteste auf dem Rothaarkamm. Ein Naturlehrpfad bringt hier dem Besucher die Besonderheiten dieses Ökosystems nahe.

Ausklang eines Wandertages auf einem Grillplatz bei Hoheleye direkt am Rothaarsteig.

Winterberg, das Wintersportzentrum am Fuße des Kahlen Asten

Ruhr-Diemel-Kamm

Das Wahrzeichen von Winterberg ist die große Sankt Georg-Sprungschanze. Sie ist gleichzeitig ein sehr attraktiver Aussichtsturm.

Um Winterberg herum gibt es ein umfangreiches System von Pisten, Loipen und Skiliften.

Willingen ist neben Winterberg das zweite wichtige Wintersportzentrum in der Rothaarsteigregion. Neben zahlreichen Skiliften gibt es hier einen Sessellift, mit dem man das ganze Jahr hindurch auf den Ettelsberg fahren kann.

Der Zugangsweg von Willingen zum Hauptweg des Rothaarsteigs führt über den Ettelsberg (838 m). Inmitten einer Hochheidefläche steht dort eine echte Berghütte wie in den Alpen, die Ettelsberghütte.

Fachwerkhaus in Küstelberg (links).

Fachwerkfassade in Assinghausen (rechts).

Auf dem Richtplatz, einer Passhöhe zwischen Willingen und Bruchhausen, saßen in früheren Jahrhunderten die Herren von Gaugreben zu Gericht. Der Stammsitz der heute ausgestorbenen Familie war das kleine Wasserschloss in Bruchhausen.

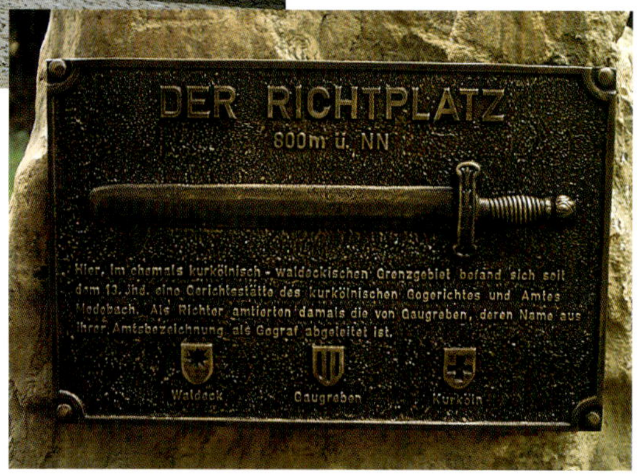

Ruhr-Diemel-Kamm: Vom Kahlen Asten nach Brilon

Hinter Küstelberg verlässt der Rothaarsteig wieder die offene Wintersportlandschaft. Mit dem Langenberg (843 m) erreicht er jetzt seinen höchsten Punkt. Bei Bruchhausen führt der Hauptweg noch einmal fast hinunter ins Tal. Vom Informationszentrum „Bruchhauser Steine" aus gibt es die Möglichkeit zu einem Abstecher auf den Istenberg mit der markantesten Felsformation des Sauerlandes, eben den Bruchhauser Steinen. In den Monaten April bis November gibt es hier zusätzlich zum Hauptweg die Möglichkeit, einen gesondert markierten Weg zu gehen, der weitgehend auf der Höhe des Bergkammes bleibt und der in der Nähe der Bruchhauser Steine vorbeiführt. Beide Wege treffen östlich von Elleringhausen wieder zusammen. Auf dem Ginsterkopf teilt sich der Rothaarsteig dann noch einmal für wenige Kilometer in zwei Varianten auf. Die östliche Variante führt direkt über den Kamm mit ein paar schönen Aussichtspunkten. Da man dort gelegentlich etwas über die Felsen klettern muss, erfordert diese Variante etwas Trittsicherheit. Deshalb kann man diesen Abschnitt auf einem Alternativweg westlich umgehen. Nach einem Schlenker über Borbergs Kirchhof bei Olsberg endet der Rothaarsteig schließlich in Brilon.

Das liegende R auf rotem Grund ist das Wanderzeichen, das den Wanderer von Dillenburg bis Brilon begleitet. Die untere Linie symbolisiert den Weg, die obere die geschwungene Landschaft. Der Sauerländer Gebirgsverein e.V. (SGV) hat in ehrenamtlicher Arbeit die Wandermarkierungen auf dem größten Teil des Rothaarsteigs angebracht. Darüber hinaus waren als Wegezeichner noch der Upländer Gebirgsverein und einzelne Wanderfreunde aus Dillenburg tätig.

Ausblick vom neuen Clemensberg (838 m) Richtung Süden. Der Gipfel des alten Clemensberges ist einem Steinbruch zum Opfer gefallen. Deshalb hat man etwas weiter westlich einen neuen Gipfel aufgeschüttet.

Sonnenuntergang über der größten Hochheidefläche am Rothaarsteig, dem „Neuen Hagen" oberhalb von Niedersfeld

Die schönste Jahreszeit für Wanderungen zu den Hochheideflächen des Rothaarsteigs ist der Spätsommer, die Zeit der Heideblüte.

Vom Ginsterkopf (661 m) bei Elleringhausen hat man einen besonders schönen Blick auf die Bruchhauser Steine.

Zu Schloss Bruchhausen gehört auch ein sehr gepflegter Gutshof.

Das kleine Wasserschlösschen in Bruchhausen war viele Jahrhunderte das Stammschloss der Familie von Gaugreben. Nach deren Aussterben kam es durch Heirat an eine Linie der weitverzweigten Familie der Freiherrn von Fürstenberg. Von ihr wird das Schloss auch heute noch bewohnt. Es kann nicht besichtigt werden.

Ausblick von der Spitze des Feldsteins (727 m) über Bruchhausen.

Die vier größten Bruchhauser Steine - Zeugen einer vergangenen vulkanischen Aktivität - ragen hoch über die Wälder des Istenberges hinaus.

Den Feldstein genau auf dem Gipfel des Istenberges darf man besteigen. Die übrigen Felsen stehen unter Naturschutz und dürfen nicht betreten werden. Alljährlich brüten hier die Wanderfalken.

Seit dem Mittelalter ist Borbergs Kirchhof oberhalb von Olsberg eine Wallfahrtsstätte. Unweit der wieder freigelegten Grundmauern der mittelalterlichen Kirche steht heute eine neue Kapelle.

Schloss Schellenstein im Olsberger Stadtteil Bigge hat in seiner Geschichte sehr häufig den Besitzer gewechselt. Es erhielt sein heutiges Erscheinungsbild in der Barockzeit, geht aber in den Grundmauern auf eine mittelalterliche Burganlage zurück. Heute sind im Schloss Eigentumswohnungen untergebracht.

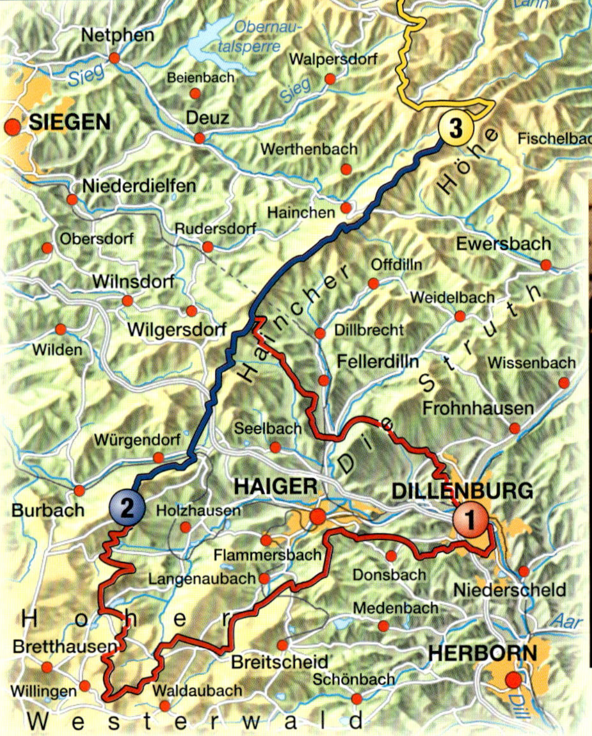

Karte ist in Nord-Süd-Richtung um ca. 25% gestaucht.

Bei Elleringhausen führt der Rothaarsteig über den Ginsterkopf (661 m). Wer sich nicht scheut, etwas über Felsen zu klettern, kann von der Forststraße auf eine markierte Variante ausweichen: den Schnadeweg, der zu den attraktivsten Abschnitten des Rothaarsteigs gehört. Die Schnade ist eine alte Briloner Tradition (siehe Seite 126).

Wer von Dillenburg bis zum Borberg bei Olsberg gewandert ist, ohne eine der Varianten auszulassen, hat über 200 Wanderkilometer auf den eigenen Sohlen zurückgelegt. Ein Blick in die Karte verrät: das Ziel Brilon ist nun nahe.

Marktplatz in Brilon. Der Name „Brilon" geht auf eine Sage aus der Zeit Karls des Großen zurück. Der Kaiser soll sich einmal in den Wäldern des nördlichen Sauerlandes verirrt haben. Schon spät in der Nacht erreichte er einen Bauernhof. Ohne zu wissen, wen er beherbergt, gab der Bauer seinem Gast reichlich Brei zu essen und überließ ihm ein bequemes Bett. Am nächsten Morgen gab Karl der Große sich zu erkennen. Er versprach dem Bauern als Lohn für seine Gastfreundschaft, dass ihm und seinen Nachfahren das Land gehören solle, das er in einem Tag umreiten kann. Dies sei der Lohn für den servierten Brei. Der Bauer war ein guter Reiter und so legte er an diesem einen Tag eine weite Strecke zurück. Er gründete eine Stadt im Zentrum seines Landes und nannte sie „Lohn für den Brei", was sich später zu „Brilon" veränderte.

Im Giebel des Rathauses in Brilon ist ein Glockenspiel untergebracht, das mehrmals täglich erklingt. Die oberen beiden Fenster öffnen sich dann und Figuren aus der Briloner „Schnade" erscheinen. Der „Schnadegang" von Brilon ist eine mittelalterliche Tradition, die bis heute gepflegt wird: Die Briloner Stadtväter umwandern gemeinsam mit ihren Nachbarn im Laufe von zehn Jahren in Etappen die Grenzen der Stadt. Wer zum ersten Mal mit dabei ist, wird mit dem Rücken (im Mittelalter sogar mit dem nackten Hintern) über jeden Grenzstein gezogen, damit er sich den Verlauf der Grenze auch genau einprägt. Die Figuren des Glockenspiels zeigen diesen Vorgang, der „Stutzäsen" genannt wird. Die zweite Figurengruppe stellt das „Rezess-Verlesen" dar: beim Schnadegang wird der Grenzvertrag zwischen Brilon und seinem jeweiligen Nachbarn durch den Stadtschreiber verlesen.

Resumé

Viele interessante Wanderwege erschließen die Mittelgebirgsregionen Deutschlands. Jeder von ihnen hat seine besonderen Stärken. Der Rothaarsteig zeichnet sich gegenüber anderen großen Wanderwegen vor allem dadurch aus, dass er nicht traditionell „gewachsen" ist, sondern ganz bewusst nach modernen Gesichtspunkten gestaltet wurde. Das gab den Streckenplanern die Freiheit, den Weg so zu legen, dass er möglichst viel Abwechslung bietet. Ihre besondere Aufmerksamkeit galt dabei immer wieder dem unmittelbaren Naturerlebnis. Das umfasst die ganze Spannbreite der Natureindrücke von der Blattlaus melkenden Ameise bis zur weiten Landschaft im Licht des Sonnenuntergangs. Der Rothaarsteig ist der Wanderweg für alle diejenigen, die einmal kurzzeitig aus der technisierten Welt des Alltages aussteigen wollen, um die Ursprünglichkeit der Natur wieder neu zu erleben.

Nachwort

Ein herzliches Dankeschön an mein Team, ohne dessen Hilfe ich das Fotoprojekt Rothaarsteig nicht in so kurzer Zeit hätte durchführen können: Michael Fischer und Claudia Heitkamp sowie Martin Bruch, Katharina Freyberg, Bernd Hartung, Klaus Jung, Brigitte Martin und Randy Martin.
Ein besonderer Dank gilt auch Jan Tölle vom Tecklenborg Verlag in Steinfurt, der für die Bildauswahl und das Layout dieses Bandes verantwortlich zeichnet.
Vielen Dank für die gute Zusammenarbeit!
Hilchenbach im April 2001,
Klaus-Peter Kappest

Fotografisches

Die Aufnahmen in diesem Band sind mit dem Leica R-System gemacht. Meine Lieblingskamera ist die R8, weil sie sehr gut in der Hand liegt. Im ersten Moment erscheint die R8 vielleicht zu groß und zu schwer. Wer aber einmal einen ganzen Tag mit ihr fotografiert hat, merkt, dass einfach alle Knöpfe dort liegen, wo es für die Finger ergonomisch am besten ist. Sie hat genau die richtige Größe, um entspannt mit ihr arbeiten zu können. „Mäusekino" auf einem komplizierten Display und mehrfach belegte Knöpfe gibt es bei der R8 nicht. Alles ist so logisch aufgebaut, dass sicherlich auch derjenige die Kamera ohne Betriebsanleitung bedienen kann, der sie nur selten zur Hand nimmt.

Meine Zweitkamera ist die Leica R6.2, die auch ohne Batterien einwandfrei arbeitet und deshalb auf meinen Reisen die „Kamera für den Notfall" ist. Die besondere Stärke des Leica R-Systems ist aber natürlich die Qualität der Objektive. Selbst wenn man ein mit einem Leica Objektiv entstandenes Kleinbild-Dia auf eine Breite von 6 Metern projiziert, wirkt das Bild für den Betrachter, der unmittelbar vor der Leinwand steht, immer noch scharf und detailreich. Kein anderes Objektivsystem kann da mithalten. Folgende Objektive kamen beim Fotografieren auf dem Rothaarsteig zum Einsatz:

Elmarit-R 1:2.8/24mm
Apo-Macro-Elmarit-R 1:2.8/100 mm +
Elpro 1:2 – 1:1 + Macro-Adapter-R
Apo-Telyt-R 1:4/280 mm
Vario Elmar-R 1:4/35-70 mm
Vario Elmar-R 1:4/80-200 mm

99 % aller Aufnahmen in diesem Band sind vom Stativ aus entstanden. Ein wirklich stabiles Stativ ist meiner Meinung nach eine noch wichtigere Voraussetzung für gute Fotos als ein gutes Kamerasystem. Natürlich können Fotografen mit einer ruhigen Hand auch ohne Stativ scharfe Bilder machen, vom Stativ aus werden die Bilder aber noch einmal deutlich schärfer, d.h. sie besitzen eine höhere Detailauflösung. Ferner bremst das Stativ den Fotografen. Man wird gezwungen, mehr Zeit auf ein Bild zu verwenden. Dadurch wird die Bildgestaltung bewusster und somit die Aufnahme auch insgesamt besser.

Das Filmmaterial für die Aufnahmen in diesem Band bestand ausschließlich aus Diafilmen. Mein Standardfilm ist zu Zeit der neue Ektachrome 100 VS von Kodak (100 ASA). Die besonderen Stärken dieses Films sind seine extrem hohe Farbsättigung gepaart mit einer erstklassigen Schärfe und einem feinen Korn. Wenn es einmal keine andere Möglichkeit gibt, als einen „schnellen" Film zu benutzen, greife ich zum Kodak E200 mit 200 ASA. Notfalls kann man ihn sogar um ein oder zwei Blendenstufen stärker entwickeln (pushen). Alle anderen hoch empfindlichen Diafilme sind zu schwach in den Farben und zu grob im Korn.